AF462145

STATUTS
ET
REGLEMENS
POUR
LA COMMUNAUTÉ
DES MAISTRES
CORDIERS-CRINIERS
de la Ville & Fauxbourgs de Paris.

A PARIS,
De l'Imprimerie de MOREAU, ruë Galande, près la Fontaine S. Severin, à la Toison d'Or.

M. DCC. XLIII.

STATUTS ET REGLEMENS DES MAISTRES CORDIERS-CRINIERS DE LA VILLE ET FAUXBOURGS DE PARIS.

LOUIS, par la grace de Dieu, Roy de France & de Navarre. A tous ceux qui ces présentes Lettres verront, SALUT. Par notre Edit du mois d'Août mil sept cent un, nous avons ordonné que tous les Officiers de notre Royaume, dont les Offices sont héréditaires, ou en survivance, demeureroient maintenus & confirmés dans l'hérédité, à la charge de Nous payer par chacun d'eux les ſommes pour leſquelles ils ſeroient compris dans les Rolles qui ſeroient arrêtés à cet effet, & les deux ſols pour livre d'icelles, qui leur tiendroient lieu d'augmentation de Finance: Et par Arrêt de notre Conſeil du onze Juillet mil ſept cent deux, Nous avons ordonné que ledit Edit ſeroit exécuté à l'égard des Communautés & Officiers, tant de Judicature qu'autres, qui ont fait réunir à leurs Corps & Communautés des Offices, Droits ou Taxations héréditaires, nonobſtant la prétention où ils étoient de n'être point dans le cas de cette confirmation. En conſéquence deſquels Edit & Arrêt, les Jurés & Communauté des MAÎTRES CORDIERS-CRINIERS de notre bonne Ville de Paris, ont été employés pour la ſomme de huit cent trente-quatre livres, & les deux ſols pour livre, à cauſe des Offices de Syndics-Jurés & d'Auditeurs des Comptes de leur Communauté, créés ès années mil six cent quatre-vingt-onze & mil six cent quatre-vingt-quatorze, dont Nous leur avons ci-devant accordé la réunion. Et comme par autre Edit du même mois de Juillet mil sept cent deux, Nous avons créé par chaque Corps des Marchands & Communautés d'Arts & Métiers de notre Royaume, un Trésorier-Receveur & Payeur de leurs deniers communs, lesdits Jurés prenant occasion de ladite taxe deconfirmation d'héredité, laquelle ils auroient prétendu toujours ne pas devoir: Mais voulant en cela Nous marquer leur soumission, & considerant qu'il ne pouvoit y avoir rien de plus avantageux pour leur Communauté, que d'y réunir pareillement ledit Office de Trésorier, avec les taxations qui y sont attachées, & les Gages tels qu'il

Nous plairoit d'y attribuer, ils Nous auroient très-humblement fait ſupplier de leur accorder ladite réunion, & de Nous contenter d'une ſomme de Quinze cent livres de principal, & de Cent cinquante livres pour les deux ſols pour livre, tant pour la finance dudit Office, que pour ladite taxe de confirmation d'hérédité; laquelle propoſition & offre Nous avons bien voulu accepter; & en conſéquence, avons ordonné par Arrêt de notre Conſeil du quinze May mil ſept cent trois, qu'en payant par eux leſdites ſommes, dans certains termes, ils jouiroient du bénéfice de ladite confirmation & dudit Office de Tréſorier, qui demeureroit uni & incorporé à leur Communauté, avec les Droits, Priviléges & Exemptions y attribués, & de Trente livres de Gages actuels & effectifs par chacun an, à commencer du premier du mois de Janvier mil ſept cent trois ; même leur avons permis d'emprunter leſdites ſommes en tout ou partie, & accordé aux Prêteurs le privilége & hypoteque ſpécial ſur ledit Office, Droits & Gages y attribués. Pour l'exécution deſquelles offres, & attendu qu'ils ne ſont pas aſſurés de trouver à emprunter dans le Public des deniers ſuffiſans pour les remplir, comme ils n'ont rien tant à cœur que de Nous marquer leur zèle & leur obéiſſance à nos volontés, ils croyent qu'ils ſeront obligés de lever par forme de prêt ſur eux-mêmes ce qui leur pourra manquer, laquelle levée ils ne peuvent faire ſans notre permiſſion. D'ailleurs, jugeant néceſſaire de pourvoir à ce que les arrérages des ſommes qu'ils emprunteront du Public, ou qu'ils leveront par répartition, ſoient exactement payées, & même qu'il puiſſe y avoir de tems à autre du revenant bon pour l'employer à l'extinction du principal, ce qui ne ſe peut qu'en impoſant quelques Droits nouveaux ſur les Viſites & ſur les Réceptions, & en ſe preſcrivant des Reglemens qui les maintiennent dans une exacte diſcipline, & empêchent les abus qui détruiſent ordinairement les Communautés les mieux établies; ils ont pris entre eux, ſous notre bon plaiſir, le douze Décembre mil ſept cent trois, une Déliberation, contenant quelques diſpoſitions qu'ils déſireroient qu'il Nous plût autoriſer. Et voulant favorablement traiter ladite Communauté des Maîtres Cordiers-Criniers de notre bonne Ville de Paris, leur donner des marques de la ſatisfaction que Nous avons de leur obéiſſance, & leur faire reſſentir les effets de notre protection. A CES CAUSES, & autres à ce Nous mouvans, aprés avoir fait examiner en notre Conseil ladite Délibération prise en leur Communauté ledit jour douze Décembre mil sept cent trois, ensemble ledit Arrêt du quinze May audit an, & de notre certaine science, pleine puissance & autorité Royale, Nous avons, par ces Présentes signées de notre main, conformément à notre Edit du mois d'Août mil sept cent un, à l'Arrêt de notre Conseil du onze Juillet mil sept cent deux, & à celui dudit jour quinze May mil sept cent trois, maintenu & confirmé, maintenons & confirmons ladite Communauté des Maîtres Cordiers-Criniers de notre bonne Ville de Paris, dans l'hérédité de leurs Offices de Syndics-Jurés & d'Auditeurs de leurs Comptes, dont Nous leur avons ci-devant accordé la réunion; & de la même autorité que dessus, avons uni & incorporé, unissons & incorporons à ladite Communauté l'Office de Tréſorier-Receveur & Payeur de leurs deniers communs, créé par notre Edit du mois de Juillet mil ſept cent deux, pour jouir par eux des Droits, Privileges & Exemptions y attribués, & en outre de Trente livres de Gages actuels & effectifs par chacun an, à commencer du premier Janvier mil ſept cent trois, ſans que pour raiſon dudit Office ils ſoient obligés de prendre aucunes Lettres de Proviſion, ni qu'ils ſoient ci-après tenus d'aucunes taxes de confirmation d'hérédité, ni autres, dont Nous les déclarons exempts, à la charge de payer par eux, tant pour ladite confirmation d'hérédité des Offices de Syndics & d'Auditeurs, que pour ledit Office de Tréſorier, la ſomme de Quinze cent livres de principal, ſur les Quittances du Receveur de nos Deniers Caſuels; & en attendant l'expédition, ſur les Recepiſſés de Me Jean Garnier, que Nous avons chargé de ce recouvrement, ou ſes Procureurs & Commis, portant promeſſe de les fournir; & celle de Cent cinquante livres pour les deux ſols pour livre, ſur les Quittances dudit Garnier; leſdites deux ſommes faiſant enſemble celle de Seize cent cinquante livres, payable dans les termes portés par ledit Arrêt dudit jour quinze May mil ſept cent trois. A l'effet de quoi, permettons aux Jurés & Syndics de ladite Communauté, de préſent en Charge, d'emprunter, conformément audit Arrêt, ou d'impoſer, ſi fait n'a été, ſur tous les Maîtres de ladite Communauté, par forme de prêt, le plus équitablement que faire ſe pourra, ladite ſomme de Seize cent cinquante livres, & celle de Cent livres pour fournir à la dépenſe deſdits emprunts, ſuivant l'état de répartition qui en a été ou sera arrêté par le Sieur d'Argenson, Maître des Requêtes, Lieutenant General de Police de notre bonne Ville & Fauxbourgs de Paris, lequel état Nous entendons être exécuté selon sa forme & teneur; & les dénommés en icelui contraints au payement des sommes pour lesquelles ils y ont été ou seront employés, par les voyes & ainsi qu'il est accoutumé pour nos Deniers & Affaires. Voulons que ceux qui prêteront, ayent privilege & hypoteque spécial sur lesdits Gages & Droits attribués audit Office de Trésorier: Comme aussi sur les deniers qui seront levés par augmentation, en conséquence des Présentes, & généralement sur tous les biens, effets, & revenus de ladite Communauté; & que les arrerages leur en soient payés d'année en année, à raison du denier-vingt. Et pour donner moyen à ladite Communauté, non-seulement de payer annuellement lesdits arrerages, mais encore d'acquitter de tems à autre quelque chose sur le principal, en sorte qu'elle soit liberée le plus promptement qu'il sera possible; comme aussi pour maintenir la discipline qui doit être entre eux, & empêcher les entreprises qui se font sur leur Profession, Nous avons par ces mêmes Présentes, dit, statué & ordonné, disons, statuons & ordonnons, Voulons & Nous plaît ce qui s'ensuit.

Article Premier.

Il sera payé lors de la passation de chaque Brevet d'Apprentissage, & pour chaque Transport de Brevet, la somme de six livres au profit de la Communauté, outre les Droits des trois Jurés que Nous avons fixés à vingt sols chacun, conformément à l'Arrêt de notre Conſeil du vingt-huit Aouſt mil ſix cent quatre-vingt ſeize.

ARTICLE II.

Les Apprentifs de Ville qui ſeront reçûs à la Maîtriſe par chef-d'œuvre, payeront à la Communauté la ſomme de cinquante livres, outre & par-deſſus celle de ſoixante livres portée par la Déclaration du douze Janvier mil ſix cens quatre-vingt-douze, & les droits ordinaires de trois livres pour les Jurés, de trente ſols pour les Anciens, de quinze ſols pour chacun des deux Modernes & deux Jeunes, de trois livres pour le Clerc, & des droits de la Lettre de Maîtriſe.

ARTICLE III.

Les fils de Maîtres payeront dix livres au profit de la Communauté, conformement à ladite Déclaration de mil ſix cens quatre-vingt-douze, outre la moitié des droits ci-dessus specifiés.

Article IV.

VOULONS, conformément à l'Arrêt de notre Conseil dudit jour vingt-huit Août mil six cens quatre-vingt-seize, que tous les Forains soient tenus d'amener leurs Marchandises aux Halles, pour y être vûës & visitées par les Jurés, & les Droits de Visite payés; sçavoir, deux sols six deniers pour chaque douzaine de Cordes à puits de Tille, & quinze sols pour chaque millier de gros Chanvre, Cordages, Fil & Fiscelles: Leur défendons de recevoir plus gros Droits, à peine de concussion, lesquels Droits Nous entendons être employés, tant au remboursement des sommes que ladite Communauté Nous a payées en exécution de nos Edits des mois de Mars mil six cens quatre-vingt-onze, & mil six cens quatre-vingt-quatorze, Août mil sept cens un, & Juillet mil sept cens deux, que de celle qu'elle doit Nous payer en exécution de nos Edits des mois de Janvier & Août mil sept cens quatre, desquels Droits lesdits Jurés seront tenus de rendre compte un mois après qu'ils seront sortis de Jurande, pardevant les Officiers de notre Châtelet, en la maniere ordinaire. Voulons, qu'après que lesdites sommes auront été entierement acquittées, ledit Droit de Visite soit éteint & supprimé en entier, sans préjudice néanmoins de la Visite desdites Marchandises Foraines, qui se fera toujours en la maniere accoutumée. Comme aussi voulons qu'après ledit acquittement, les Droits des Réceptions des Apprentifs & des Maîtres, soient payés comme avant notre Edit du mois de Mars mil six cens quatre-vingt-onze.

ARTICLE

Article V.

ET d'autant qu'il eſt du bien public que la Police de notre bonne Ville de Paris & des Fauxbourgs, ſoit uniforme & obſervée également, Permettons aux Jurés de ladite Communauté de faire leurs Viſites dans les maiſons des Cordiers & Criniers du Fauxbourg S. Antoine, dans l'Enclos du Temple, de S. Denis de la Chartre, de Saint Jean de Latran, de S. Germain des Prez, de la ruë de l'Ourſine, ruës adjacentes, Colleges & autres Lieux privilegiés ou prétendus tels de notredite Ville & Fauxbourgs de Paris. Comme auſſi de ceux qui éxercent ladite profeſſion à titre de Privilege du Prevôt de notre Hôtel ou autrement, ſans néanmoins que leſdits Jurés puiſſent prétendre aucuns Droits de Viſite deſdits Cordiers-Criniers, à moins qu'ils ne ſoient aussi Maîtres de ladite Communauté.

ARTICLE VI. & dernier.

VOULONS au surplus que les Statuts, Articles & Ordonnances concernans ladite Communauté, ensemble les Déclarations, Arrêts & Reglemens rendus en conséquence, soient exécutés selon leur forme & teneur. SI DONNONS EN MANDEMENT à nos amés & féaux Conseillers les Gens tenans notre Cour de Parlement à Paris, que ces Présentes ils ayent à faire lire, publier & registrer, & du contenu en icelles faire joüir & user lesdits Maîtres Cordiers-Criniers de notredite Ville & Fauxbourgs de Paris, selon leur forme & teneur : CAR tel est notre plaisir. EN TEMOIN de quoi Nous avons fait mettre notre Scel à cesdites Présentes. DONNE'ES à Versailles le douzieme jour de

Janvier, l'An de grace mil ſept cens ſix, & de notre Regne le ſoixante-troiſiéme. *Signé* LOUIS.

Et plus bas, Par le Roi, PHELYPEAUX.

Regiſtrées, oüi le Procureur Général du Roi, pour jouir par ladite Communauté de leur effet & contenu, & être exécutées ſelon leur forme & teneur, ſuivant & aux chargés portées par l'Arrêt de ce jour. A Paris, en Parlement, le ſeptiéme Septembre mil ſept cens ſix. Signé DU TILLET.

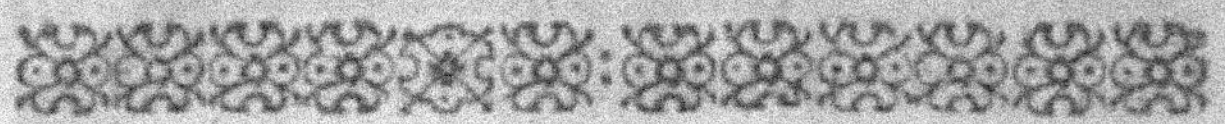

SENTENCE

De M. le Lieutenant-Général de Police, qui homologue la Délibération concernant les Elections des Jurés des Maîtres Cordiers-Criniers à Paris.

Du 15 Décembre 1741.

A TOUS CEUX QUI CES Présentes Lettres verront, Gabriel Hierôme de Bullion, Chevalier, Comte d'Esclimont, Seigneur de Wideville, Crespierres, Mareil, Montainville, & autres lieux, Conseiller du Roi en ses Conseils, Prevôt de Paris : SALUT, sçavoir faisons, que veu par Nous Claude-Henry Feydeau de Marville, Chevalier, Conseiller du Roi en ses Conseils, Maître des Requêtes Ordinaire de son Hôtel, Lieutenant-

Général de Police de la Ville, Prevôté & Vicomté de Paris, la Requête à Nous préſentée par Joſeph Facié, Sebaſtien Aubin, & Gilles Eſtas, Maîtres Cordiers-Criniers à Paris,& Jurés en Charge de leur Communauté, tendante à ce qu'il Nous plût homologuer la délibération de la Communauté deſdits Maîtres Cordiers-Criniers à Paris, faite en leur Aſſemblée tenuë en leur Bureau le ſeize Mai mil ſept cens quarante, étant ſur le Regiſtre de ladite Communauté, & dûment contrôlée ſur ledit Regiſtre, portant, que les Doyen, tous les Anciens, dix Modernes, & dix Jeunes ſeulement deſdits Maîtres de la Communauté ſeront appellés, leſquels dix Modernes & dix Jeunes ſeront pris de ſuite ſur la Liſte à tour de rôle, à commencer par la tête deſdits Modernes & Jeunes, & ainſi continuer chacun à leur tour lors des Elections à la Jurande, en l'Hôtel du Procureur du Roi, pour éviter le tumulte & la confusion des Assemblées générales tumultueuses, y en ayant assez des Anciens au nombre de trente, & de dix Modernes & dix Jeunes pour lesdites Elections; & que ceux qui manqueront sans causes légitimes, seront condamnés chacun en quatre livres d'amande, applicable au profit de la Confrerie de ladite Communauté, pour être ladite Délibération exécutée selon sa forme & teneur; & mention faite de notre Sentence sur le Registre à la marge de ladite Délibération, pour être notifié à qui il appartiendra. Ladite Requête, signée Facié, & de la Rivoire Procureur; Notre Ordonnance étant ensuite portant, soit montré au Procureur du Roi en datte du neuf de ce mois; les conclusions du Procureur du Roi du treize de ce mois, &

tout veu. NOUS avons ladite Délibération homologuée, pour être exécutée selon sa forme & teneur : en conséquence ordonnons, que le Doyen, tous les Anciens, dix Modernes, & dix Jeunes seront appellés, lesquels dix Modernes & dix Jeunes seront pris de suite sur la Liste à tour de rôle, à commencer par la tête desdits Modernes & Jeunes, & ainsi continuer chacun à leur tour lors des Elections à la Jurande en l'Hôtel du Procureur du Roi ; & que ceux qui manqueront sans causes légitimes, seront condamnés chacun en quatre livres d'amende, applicable au profit de la Confrerie de ladite Communauté ; & que notre présente Sentence sera, à la diligence desdits Jurés, transcrite sur le Registre de la Communauté, imprimée, lûë, publiée & affichée dans le Bureau d'icelle, & qu'il en sera distribué un Exemplaire à chacun des Maîtres de ladite Communauté, à ce qu'ils n'en prétendent cause d'ignorance. EN TEMOIN de ce Nous avons fait sceller ces Présentes, qui furent faites & jugées par Nous Juge susdit, le quinze Décembre mil sept cens quarante-un. Collationné.

Signé CUIRET.

Scellé le dix-neuf Décembre mil sept cens quarante-un. *Signé* SAUVAGE.

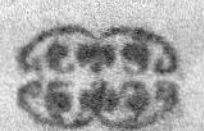

ORDONNANCES ROYAUX,

Faites sur le Fait du Mestier des Cordiers de la Ville de Paris.

Du 24 Juin 1467.

LOYS, par la Grace de Dieu, Roy de France : A tous ceulx qui ces Présentes Lettres verront ; SALUT, receu avons l'humble supplication des Jurez & Gardes du Mestier des Cordiers à Paris, & de la Communauté dudit Mestier ; contenant que pour obvier aux fraudes, abus & malicesqui povoient être commises ou fait dudit Mestier en plusieurs manieres, ou préjudice & lezion de la chose publique, & aussi pour réformer ledit Mestier de bien en mieulx, & y mettre ordre & police furent jadis faits, ordonnez & établis certains Statuts & Ordonnances par les Officiers & Gens de Justice de la Court du Chastellet de Paris, à la Requeste de la Communauté dudit Mestier, & de ce leur ont été octroyées Lettres soubs le Scel de la Prevosté de Paris, desquelles lindit la teneur être telle. A TOUS CEULX qui ces Présentes Lettres verront, Jacques de Villers, Seigneur de l'Isle-Adam, Conseiller, Chambellan du Roy nôtre Sire, & Garde de la Prevosté de Paris: SALUT, sçavoir faisons, que Nous l'an de grace mil quatre cent soixante trois, le Mercredy huitiéme jour du mois de Fevrier, veismes unes Lettres scellées de ladite Prevosté de Paris, desquelles la teneur est telle. A TOUS CEULX qui ces Présentes Lettres verront, Robert d'Estouteville, Chevalier, Seigneur de Beyne, Baron d'Ivry, Conseiller, Chambellan du Roy nôtre Sire, & Garde de la Prevosté de Paris: SALUT, sçavoir faisons, Nous l'an de grace mil quatre cent quarante-huit, le Lundy seizieme jour de Decembre, avoir veu & tenu certain Livre ou Registre ecript en parchemin entre deux ais, étant en la Chambre du Roy nôtredit Seigneur au Chastellet de Paris, ou quel sont ecriptes & enregistrées les Ordonnances des Mestiers de ladite Ville de Paris, entre lesquelles Ordonnances au huit vingt-dizieme feüillet dudit Registre estoit & est contenuë, enregistrée & transcripte l'Ordonnance & Registre du Mestier des Cordiers de ladite Ville de Paris, contenant de mot à mot la forme qui cy après s'en suit. A TOUS CEULX qui ces Lettres verront, Jehan, Seigneur de Folleville, Chevalier, Conseiller du Roy nôtre Sire, & Garde de la Prevosté de Paris, Commissaire & Reformateur General donné & depputé de par le Roy nôtre Sire, sur la reformation & visitation des Mestiers de la Ville de Paris. SALUT, sçavoir faisons, que veu la supplication à Nous presentée par Pierre de Paris, Jean le Cordier, dit d'Orleans, Jehan le Roy, Jaquet Quebon, Jehan Bouchart, Colin Sauvage, Perrin Aubert, Perrin Courtois, Henry Clary, Jehan le Bossu, Thevenin Berehault, Simonnet du Moutier, Robin Sauvage, & Gillet de la Noe, faisant la plus grant & saine partie des Cordiers de la Ville & Banlieuë de Paris, de laquelle supplication la teneur s'ensuit. A Monseigneur le Procureur du Roy nôtre Sire ou Chastellet de Paris: Suplient humblement les Cordiers habitans en la Ville de Paris; comme plusieurs causes & raisons touchant le prouffit du Roy nôtre Sire, & dudit Meſtier de Corderie, meuvent leſdits Suppliants, & leur eſt neceſſaire avoir un Regiſtre nouveau en autre ſubſtance que celui qui fut fait anciennement, & ou quel nouveau Regiſtre ſoit comprins que quiconques auroit été Apprentis audit Meſtier en ladite Ville de Paris, & vouldra lever Meſtier de Corderie, payera avant tout œuvre d'entrée ſoixante ſols pariſis, les deux parts au Roy, & la tierce partie aux Maiſtres Jurez dudit Meſtier, & de ce payer ſeront quittes tous fils de Maiſtres neu nul autre de dehors ne ſera tenu de lever Meſtier en la Ville de Paris. *Item*. Nul Maiſtre de Corderie ne pourra tenir que ung Apprentis, neu à moins de quatre ans, & d'entrée ledit Apprentis payera au Roy cinq ſols, & à fin de terme cinq ſols auxdits Maiſtres Jurez. *Item*. Que nul ne ſoit ſi hardy de vendre dudit Meſtier en la Ville,

Vicomté & Reſſort de Paris, qui ne le ſçaura faire, excepté Selliers de Bourreliers qui venderont Licols, Sangles à chevaucher, Polettes ſans aucune Corderie, & qui le fera autrement, payera dix ſols pariſis d'amende, les deux parts au Roy, & la tierce partie auxdits Maiſtres Jurez. *Item.* Que nul Cordier de la Ville, Vicomté & Reſſort de Paris, ne ſoit tenu d'ouvrer à Feſte que commun de Ville, Foire, à peine de cinq ſols pariſis, les deux parts au Roy, & le ſurplus auxdits Jurez. *Item.* Que nul deſdits Cordiers ne faſſe ou faſſe faire nul ouvrage de Corderie, qu'il ne ſoit bon & ſouffiſant & de bonne moiſon, comme il appartient: C'eſt à ſçavoir traiz à Cherette filez, traiz de Charruë de douze fils; Licols, Cheneſtres de huit fils, & tous autres ouvrages que l'en peut faire faire à l'équipollent. *Item.* Que l'en ne faſſe nul ouvrage à caue où il ait chanvre mouillée ou resſuée, & qu'il ſoit au tel deſſus comme deſſoubs. *Item.* Que en Licols de poil & fil de chanvre pour mieulx valoir. *Item.* Et qui ſera trouvé avoir fait du contraire, il payera de tant de fois comme il ſera cinq ſols pariſis, les deux parts au Roy, & le tiers auxdits Jurez; & ſera ars tout l'ouvrage qui ſera trouvé faulx. *Item.* Que nul Cordier Forain apportant aucune marchandiſe de Corderie pour vendre à Paris, ne le puiſſe faire, que paravant ne ſoit porté en Halle & en place ordonnée, & que leſdits Jurez l'ayent veue & viſité, ſe ledit ouvrage ſera bon; & qui ſera trouvé faiſant au contraire, qu'il l'amende de cinq ſols pariſis, les deux parts au Roy, & le ſurplus auxdits Jurez, & ladite marchandiſe ainſi venduë perduë pour le Marchant, ou au moins à la volonté de vous, ou de M. le Prevoſt de Paris.

Item. Que nul desdits Cordiers ne soit tenu ouvrer de nuit pour le faulx ouvrage que l'en y peut faire à la décepte du commun, & qui le fera detant de fois que on en sera reprins, de tant de fois payera cinq sols, les deux parts au Roy, & le surplus auxdits Maîtres Jurez.

Item. Tous lesdits Cordiers de la Ville, Vicomté & Ressort de Paris, ne doivent riens de chose qui vendent & achetent appartenant à leurdit Métier, & sont & doivent être quittes de tout payage, travers, places, chaussées, & coutumes du Royaume de France, pour ce que à leurs dépens de leurdit Métier servent la Justice du Roy quant nécessité est, il vous plaise, de votre benigne grace, & eu regard aux choses dessus dites, proufitables au Roy & au commun, & honorables audit Métier, ledit Registre ainsi ordonné leur vouloir octroyer être caust

& renouvellez, si ferez bien, & si prierons Dieu pour vous. Veu aussi certains points & articles à nous baillez par écript de par lesdits Cordiers, lesquels ils ont affermez être proufitables & nécessaires pour le bien dudit Métier & de la chose publique; desquels points & articles la teneur s'ensuit. Premierement, que tous ceux dudit Métier qui auront servi par temps souffisant, & qui vouldront lever leur Métier & Marchandise de Corderie à Paris, payeront d'entrée vingt sols parisis, les deux parts au Roy & le tiers aux Jurez dudit Métier pour ledit Métier, excepté les fils de Maîtres qui en seront quittes. *Item*. Que aucun Estrangier, ne autre, ne puisse lever à Paris ledit Métier, jusques à ce qu'il ait été examiné par les Jurez dudit Métier, & que il soit à ce trouvé souffisant; & s'il est trouvé souffisant, il sera reçû en payant trente ſols d'entrée ; c'eſt à ſçavoir au Roy les deux parts, & aux Jurez la tierce partie. *Item.* Que le Cordier ne pourra tenir ne avoir que ung Apprenty à une fois & à quatre ans, & non à moins de tems, fors tant que quant l'Apprenty aura ſervi le Maître en pourra reprendre ung autre nouvel avecques le premier, afin que quant le premier ſe partira de ſon Maître & aura parfait ſes quatre ans, le ſecond ſçaiche aucune choſe pour ſervir ſon Maître ; & ſeront tenus les Apprentis de payer au Roy cinq ſols d'entrée, & à la fin de leur apprentiſſage cinq ſols aux Jurez. *Item.* Que aucun Cordier d'icelle Ville & banlieuë de Paris ne puiſſe ouvrer à jour de Feſte, que commun de Ville foire, ſur peine de cinq ſols d'amende, les deux parts au Roy, & aux Jurez dudit Mètier le demeurant. *Item.* Aucun Cordier ne faſſe ouvrage de piez de chanvriere, car ils ne valent rien & sont trop courts ; & si est le peuple déçû, sur peine de cinq sols, les deux parts comme dessus, & la tierce ausdits Jurez. *Item.* Que aucun dudit Métier ne fasse faire ouvrage d'icelui Métier qui ne soit bon & souffisant & de bonne moison. C'est à sçavoir traitz à charettes filez à charruë à douze fils, licols & chenostre à huit fils, & tous les autres ouvrages à l'équipolent & équivallent, sur la peine de cinq sols appliquez comme dessus. *Item.* Qu'aucun ne fasse ouvrage à eaue, où il y ait chanvre moullé ou ressuyé, & qu'il n'y soit au tel dessus comme dessoubs, & dedans comme dehors, sur peine de perdre l'ouvrage, & l'amende de dix sols, les deux parts comme dessus, & le revenant auxdits Jurez. *Item.* Que aucun ne fasse Licols de poil où il n'ait du fil de chanvre, car il en vault mieulx, s'il n'en est requis ſur la peine de cinq ſols d'amende à appliquer comme deſſus. *Item.* Que aucun Forain ou autre n'apporte ou admene à Paris denrées quelconques appartenant audit Métier, ſe il ne l'eſt décent : Premierement en la Halle ou Place à ce ordonnée, ne que il la puiſſe vendre ou expoſer en vente juſques à ce que par les Jurez dudit Métier, elles ayent été viſitées, ſur peine de perdre les denrées, & de cinq ſols d'amende, les deux parts comme deſſus, & la tierce aux Jurez. *Item.* Que aucun Cordier ne puiſſe ouvrer de nuit dudit Métier, pour la déception que l'en y pourroit commettre, & pour la veuë qui n'en eſt pas ſi certaine & ſouffiſant comme celle du jour, ſur peine de cinq ſols, les deux parts au Roy, & le tiers auxdits Jurez. *Item.* Que ceulx dudit Métier qui ſeront trouvés faiſant le contraire des points & articles cy-dessus déclairés, payeront les amendes & forfaictures tant de fois comme ils ou aucuns d'eulx encharront en chacune des choses dessus dites. *Item.* Que chacun an deux preudhommes dudit Mestier, par l'Election de tout le commun d'icelui Mestier, seront éleus Maistres & Jurez oudit Mestier, & renouvellez chacun an pardevant le Prevost de Paris, à ce presens, ou appellez le Procureur du Roy, & le Receveur, ou l'un d'eulx, lesquels preudhommes jureront de bien loyaument & diligemment garder ledit Mestier, & tous les points & articles dessus ecripts, & de rapporter pardevers ledit Prevost, Procureur du Roy ou Receveur, sans faveur, hayne ou épargne toutes les offenses, & par tant de fois comme ils les trouveront pour en faire pugnition, & garder le droit comme il appartiendra. *Item.* Que les Maistres & Jurez duditMeſtier auront povoir & pourront viſiter en la Ville & Banlieuë de Paris, & Hoſtels de Cordiers, Selliers, Bourreliers, des Epiciers, Cordonniers, Ferrons, Savetiers, Lingieres, & par tout ailleurs où ils trouveront aucunes denrées appartenant audit Meſtier, pour en faire leur rapport & relation, pour y garder le droit du Roy, comme de raiſon ſera. *Item.* Que tous les Cordiers de la Ville & Banlieuë de Paris ſeront quittes, & ne devront riens de peage, travers, chauſſées, places, coutumes, & autres redevances, qui à cauſe dudit Meſtier, pourroit appartenir à payer au Roy, pour ce que ils livrent pour néant & à leurs dépens, toutes les cordes qu'il faut avoir, & ſont néceſſaires ou faict de la Juſtice du Roy nôtre Sire, toutes fois que Meſtier en eſt. Tous leſquels poins & articles deſſus ecripts, leſdits Cordiers & chacun d'eulx, feront tenus jurer fur l'Evangile ès mains des Jurez, qui pour le tems feront qui vouldront être paffez Maiftres & lever leur Meftier de bien & loyaument, & entierement garder, entheriner & accomplir fans enfraindre, fans aller à l'encontre en aucune maniere, & de rapporter auxdits Jurez toutes les mefprentures que ils fçauront être commifes oudit Meftier. NOUS en corrigeant l'ancien Regiftre, & en adjoutant à icelui iceulx points & articles pour l'utilité, réformation, mélioration & admendement dudit Meftier, avons voulu & ordonné, voulons & ordonnons, être tenus & gardez doresnavant oudit Meftier, & iceulx avons fait jurer, tenir & obferver inviolablement par les deffus nommez, fans enfraindre fur les peines efdits articles declairez. Si donnons en Mandement aux Maiftres & Jurez dudit Meftier, qui à prefent ſont, & qui pour le tems à venir ſeront, que les points & articles deſſus dits, ils faſſent tenir, garder, entheriner, & accomplir en faiſant viſitation ſur tous ceulx dudit Meſtier, ſans faveur aucune, & de toutes les meſprentures que ils trouveront en faiſant ladite viſitation, nous faſſent leur rapport ou au Procureur du Roy notredit Seigneur, ou à nos Commis, pour être levées de par nous les amendes ſur ceulx qui leſdites faultes & meſprentures auront été & ſeront trouvées. EN temoing de ce Nous avons fait mettre à ces Lettres le Scel de la Prevoſté de Paris. Ce fut fait ou Chaſtellet de Paris, le Dimanche dix-ſeptieme jour de Janvier, l'an de Grace mil trois cent quatre-vingt-quatorze: Et Nous à ces preſent tranſcript ou vidimus avons mis le Scel de ladite Prevoſté de Paris. Ce fut fait l'an & jour deſſus premiers dits; ainſi ſigné N. EVEILLART. Et sur le reply de la marge d'en bas, étoit ecript, Collation est faicte, & nous en temoing de ce à ce present Vidimus ou transcript avons mis le Scel de ladite Prevosté de Paris. Ce fut fait l'an & jour dessus premiers dits; ainsi signé R. VILLERY. En nous humblement requerant qu'il Nous plaise lesdits Statuts & Ordonnances, confermer & avoir agreables, & sur ce leur impartir nôtre Grace. POURQUOY Nous ces choses considerées iceulx Statuts & Ordonnances en la forme & maniere qu'elles sont cydessus transcriptes de nôtre grace especialle, avons confermez, ratifiez & approuvez, confermons, ratifions, approuvons, & avons agreables & voulons qu'elles soient entretenuës, gardées & observées, & que lesdits Suppliants & leurs Successeurs oudit Mestier en joyssent & usent, ainsi qu'ils en ont par cy-devant joy & usé justement & raisonnablement, & en oultre pour ce qu'ils Nous ont fait remontrer que plusieurs personnes de leur autorité non craignants meprendre, ne enfraindre les Statuts & Ordonnances dessus dites, s'efforcent en notredite Ville, Prevôté & Vicomté de Paris, besogner & vendre ouvrages dudit Mestier, sans ce qu'ils ayent été experimentez, trouvez ne rapportez souffisans par les Jurez dudit Mestier ou grant prejudice & lezion de la chose publique; & aussi énervation desdites Ordonnances & Statuts anciens. NOUS desirant ledit Mestier être entretenu en Police, avons ordonné & ordonnons, que doresnavant aucun ne pourra besogner ne soy entremettre dudit Mestier en nôtredite Ville de Paris, s'il n'a premierement été visité, experimenté, trouvé & rapporté souffisant par lesdits Jurez, sur peine de vingt sols parisis d'amende à appliquer moitié à Nous, & l'autre moitié auxdits Jurez & à la Confrairie dudit Mestier. *Item.* Et pour ce que plusieurs s'efforcent de faire hunes, chableaux, & autres cordages servants à riviere moins que souffisants, & ne craignent encourir la peine en tel cas introduite, parce qu'elle n'est que de dix sols parisis, Nous avons icelle peine de dix sols parisis, augmentée & cruë à la somme de quarante sols parisis, à appliquer moitié à Nous, & l'autre moitié auxdits Jurez & à la Confrarie, & pour supporter les affaires dudit Mestier. *Item.* Deffendons à touts que lesdits Jurez, en faisant leurs visitations, ne soient perturbez ou molestez ; mais leur soit donné à la conservation de leur droit, conseil, confort, aide & prisons se Mestier est par ceulx qui en feront requis ; lesquels articles Voulons être joints avec leursdits

Statuts & Ordonnances anciennes, & être tenus, gardez & obſervez oudit Meſtier par Statut & Ordonnance doreſnavant, & à toujours ſans enfraindre. Si donnons en Mandement par ceſdites Préſentes au Prevoſt de Paris, & à tous nos autres Juſticiers, ou à leurs Lieutenants preſents & à venir, & à chacun d'eulx ſi comme à lui appartiendra, que de nôtre preſente grace, confermation, ratification, approbation & octroy, & de tout le contenu en ces Préſentes ils faſſent, ſeuffrent & laiſſent leſdits Suppliants & leurs Succeſſeurs oudit Métier, joyr & uſer plainement & paiſiblement, ſans ſouffrir aucune choſe leur être faites, miſes ou données au contraire. En temoing de ce Nous avons fait mettre nôtre Scel à ces Préſentes. Données à Chartres, le vingt-quatrieme jour de Juing, l'an de Grace mil quatre cent ſoixante-ſept, & de nôtre

Regne le ſixieme; ſcellée du Scel de nôtre Chancellerie à Paris par nôtre Ordonnance; ainſi ſigné Par le Roy, l'Eveſque d'Evreux, & le Sire de Loheac, preſent de Ville Chartres: Et au dos étoit ecript, leües & publiées en Jugement en l'Auditoire Civil du Chaſtellet de Paris, en la préſence des Advocats & Procureur du Roy nôtre Sire oudit Chaſtellet; & ce fait enregiſtrées ès Livres d'icelui Chaſtellet, le Mercredi vingt-ſixieme jour d'Aouſt l'an mil quatre cent ſoixante-ſept. Ainſi *ſigné* LE CORNU.

EXTRAIT du premier Regiſtre des Bannieres du Châtelet de Paris, folio ſoixante-trois, ſoixante-quatre, ſoixante-cinq, & ſoixante-ſix d'icelui, étant en la poſſeſſion de M. Garnier Avocat, & reſté entre ſes mains; & collationné par nous Greffier de la Chambre du Conſeil, des Dépôts Ci-

vils & des Sentences sur Procès par Ecrit du Châtelet, à ce commis par Ordonnance de M. le Lieutenant-Civil du vingt-trois Janvier dernier, étant au bas de la Requête à lui présentée par les Jurés de la Communauté des Maîtres Cordiers de cette Ville de Paris, laquelle est restée en nos mains. Ce premier Février mil sept cent quarante-deux. THIERIOT.

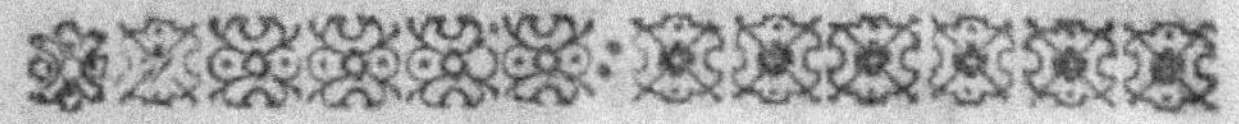

PREVILLEIGES

Des Jurez & Maistres Cordiers.

Du 2 Aoust 1484.

CHARLES, par la Grace de Dieu, Roy de France : A TOUS CEULX qui ces Présentes Lettres verront ; SALUT. Receu avons l'umble supplication des Jurez & Gardes du Mestier de Cordier à Paris, & de la Communaulté dudit Mestier : Contenant que jadis furent faictes, decretées, ordonnées & établies certaines Constitutions, Ordonnances & Statuts dud. Mestier pour obvier aux abus & malices qui se pouvoient commettre & commettoient chacun jour en l'exercice d'icelui en plusieurs manieres, au préjudice & lezion de la chose publique ; & pour remettre la chose en ordre & Police convenables, & exertir par lesdits abus & malices, lesquels Statuts & Ordonnances furent entegistrez en la Chambre de nôtre Procureur ou Chastelet de Paris, avec les autres Ordonnances & Statuts des Mestiers de notredite Ville, qui depuis ont été extraites & reduites en forme autentique, pratiquées & executées, & aprés confermées & approuvées par feu notre très-cher Seigneur & Pere que Dieu absoit en la forme & maniere qui s'ensuit. LOYS, par la Grace de Dieu, Roy de France. A tous ceulx que ces Présentes Lettres verront : SALUT. Receuë avons l'umble supplication des Jurez & Gardes du Mestier des Cordiers à Paris, & de la Communauté dudit Mestier : Contenant, que pour obvier aux fraudes, abus & malices qui pourroient être commises ou fait dudit Mestier en plusieurs manieres, ou

préjudice

préjudice & lezion de la chose publique; & aussi pour réformer ledit Mestier de bien en mieulx, & y mettre ordre & Police, furent jadis faits ordonnez & établis certains Statuts & Ordonnances par les Officiers & Gens de Justice de la Court du Chastellet de Paris, à la Requeste de la Communauté dudit Mestier, & de ce leurs ont été octroyées Lettres soubs le Scel de la Prevosté de Paris, desquelles lin dit la teneur être telle. A TOUS CEULX que ces Présentes Lettres verront, Jacques de Villers, Seigneur de l'Isle-Adam, Conseiller, Chambellan du Roy nôtre Sire, & Garde de la Prevôté de Paris: SALUT, sçavoir faisons, que Nous l'an de Grace mil quatre cent soixante-trois, le Mercredy huitieme jour du mois de Fevrier, veismes unes Lettres scellées de ladite Prevosté de Paris, desquelles la teneur est telle. A TOUS CEULX que ces Présences Lettres verront, Robert d'Estouteville, Chevalier, Seigneur de Beyne, Baron d'Ivry, Conseiller, Chambellan du Roy nôtre Sire, & Garde de la Prevosté de Paris. SALUT, sçavoir faisons; Nous l'an de Grace mil quatre cent quarante-huit, le Lundy seizieme jour de Decembre, avoir veu & tenu certain Livre ou Registre ecript en parchemin entre deux ayts, étant en la Chambre du Roy nôtredit Sire ou Chastellet de Paris, ouquel sont ecriptes & enregistrées les Ordonnances des Mestiers de la Ville de Paris, entre lesquelles Ordonnances ou huit vingt dixieme feuillet dudit Registre étoit & est contenu, enregistré & transcript l'Ordonnance & Registre du Mestier des Cordiers de ladite Ville de Paris: Contenant de mot à mot la forme qui cy-après s'ensuit. A TOUS CEULX que ces Présentes Lettres verront, Jehan, Seigneur de Folleville, Chevalier, Conseiller du Roy nôtre Sire, & Garde de la Prevosté de Paris, Commissaire & Reformateur General donné & deputé de par le Roy nôtredit Seigneur, sur la réformation & visitation des Mestiers de la Ville de Paris. SALUT, sçavoir faisons, que veuë la supplication à nous présentée par Pierre de Paris, Jehan le Cordier, dit d'Orleans, Jehan le Roy, Jacquet Quebon, Jehan Bouchart, Colin Sauvaige, Perrin Aubert, Perrin Courtoys, Henry Clary, Jehan le Bossu, Thevenin Berthault, Simonnet Dumoutier, Robin Sauvaige, & Gillet de Laure, faisant la plus grant & seyne partie des Cordiers de la Ville & Banlieuë de Paris, de laquelle supplication la teneur s'ensuit. A Monsieur le Procureur du Roy nôtre Sire ou Chastellet de Paris: Supplient humblement les Cordiers habitans en la Ville de

Paris : Comme plusieurs causes & raisons touchant le prouffit du Roy nôtre Sire, & dudit Mestier de Corderie, meuvent lesdits Suppliants, & leur est necessité avoir ung Registre nouveau en aultre substance que celuy qui fut fait anciennement, & ouquel nouveau Registre soit comprins que quiconque aura été Apprentis audit Mestier en ladite Ville de Paris, & vouldra lever Mestier de Corderie, payera avant toute œuvre d'entrée soixante sols parisis, les deux parts au Roy, & la tierce partie aux Maistres Jurez dudit Mestier, & de ce payer seront quittes tous fils de Maistres, ne nul autre de dehors ne sera tenu de lever Mestier en la Ville de Paris. *Item.* Nul Maistre de Corderie ne pourra tenir que ung Apprentis ne au moins de quatre ans, & d'entrée ledit Apprentis payera au Roy cinq sols, & afin de terme cinq sols auxdits Maistres

Jurez. *Item*. Que nul ne soit se hardy de vendre dudit Mestier en la Ville, Vicomté & Ressorts de Paris, qui ne le sçaura faire, excepté Selliers de Bourreliers, qui vendront licols, sangles à chevaucher, polettes sans aucune corderie, & qui le fera autrement, payera dix sols parisis d'amende, les deux parts au Roy, & l'autre tierce partie auxdits Maistres Jurez. *Item*. Que nuls Cordiers de la Ville, Vicomté & Ressorts de Paris, ne soit tenu d'ouvrer à Feste que commun de Ville Foire, en peine de cinq sols parisis, les deux parts au Roy, & le surplus auxdits Jurez. *Item*. Que nul desdits Cordiers ne fasse ou fasse faire nul ouvrage deCorderie, qu'il ne soit bon & souffisant & de bonne moison, comme il appartient. C'est à sçavoir, traicts à cherette filés, traicts de cherruë de douze fils, licols, chenestres de huit fils, & tous autres ouvrages que l'en peut faire à l'équipollent. *Item.* Que nul desdits Cordiers ne fassent de piés de chanvriere ; car ils sont trop courts, & ne valent à servir le peuple. *Item.* Que l'en ne fasse nul ouvrage à eaue où il ait chanvre moullée ou ressuyée, & qu'il soit autel dessus comme dessoubs. *Item.* Que en licols de poil y ait fil de chanvre pour mieulx valoir. *Item.* Qui sera trouvé avoir fait au contraire, il payera tant de fois comme il fera, cinq sols parisis, les deux tiers au Roy, & l'autre tiers auxdits Jurez, & sera ars tout l'ouvraige qu'il sera trouvé faulx. *Item.* Que nul Cordier Forain apportant aucune marchandise de Corderie à Paris vendre, ne le puisse faire que paravant ne soit portée en Halle & place ordonnée, & que lesdits Jurez l'aient vue & verifiée, se ledit ouvraige sera bon ; & qui sera trouvé faisant au contraire, qu'il l'amende de cinq ſols pariſis, les deux parts au Roy, & le ſurplus auxdits Jurez, & ladite marchandiſe ainſi venduë, perduë pour le Marchand, ou au moins à la voullenté de vous ou de Monſieur le Prevoſt de Paris. *Item.* Que nul deſdits Cordiers ne ſoit tenu ouvrer de nuyt pour le faulx ouvraige que l'en y peult faire à la decepte du commun, & qui le fera, de tant que on ſera reprins, de tant de fois payera cinq ſols, les deux parts au Roy, & le ſeurplus auxdits Maiſtres Jurez. *Item.* Tous leſdits Cordiers de ladite Ville, Vicomté & Reſſorts de Paris, ne doibvent rien de choſe qu'ils vendent & achetent appartenant audit Meſtier, & ſont & doibvent être quittes de tous peaiges, travers, places, chauſſées, & coutumes du Royaulme de France, pour ce que à leurs dépens de leurdit Meſtier, ſervent la Juſtice du Roy quant neceſſité eſt, IL VOUS

PLAISE de vôtre benigne grace, eu regard aux choses dessus dites prouffitables au Roy, au commun & honorables audit Mestier, ledit Registre ainsi ordonné, leur vouloir octroyer & être caust & renouvellez, se ferez bien, & se prieront Dieu pour vous. Veus aussi certains points & articles à Nous baillez par ecript par lesdits Cordiers, lesquels ils ont affermez être prouffitables & necessaires pour ledit Mestier, & de la chose publicque, desquels points & articles la teneur ensuit. Premierement, que tous ceulx dudit Mestier qui auront servy par temps souffisant, & qui vouldront lever leur Mestier & marchandise de Corderie à Paris, payeront d'entrée vingt sols parisis, les deux parts au Roy, & le tiers aux Jurez dudit Mestier pour ledit Mestier, excepté les fils de Maistres qui en seront quictes. *Item.* Que aucun étranger ne autre ne puisse lever à Paris ledit Mestier, jusques à ce qu'il ait été examiné par les Jurez dudit Mestier, & que il soit à ce trouvé souffisant, & se il est trouvé souffisant, il sera reçû en payant trente sols d'entrée: C'est à sçavoir au Roy les deux parts, & aux Jurez la tierce partie. *Item.* Que & le Cordier ne pourra tenir ne avoir que ung Apprentils à une fois & à quatre ans, & non à moins de temps, fors tant que quand l'Apprentils aura servy le Maistre, en pourra reprendre ung autre nouvel avec le premier, afin que quant le premier se partira de son Maistre, & aura parfaict ses quatre ans, le second sçache aucune chose pour servir son Maistre; & seront tenus les Apprentils de payer au Roy cinq sols d'entrée, & à la fin de leur apprentissaige, cinq sols aux Jurez. *Item.* Que aucun Cordier d'icelle Ville & Banlieuë de Paris, ne puisse ouvrer à jour de Feste que commun de Ville, Foire, sur peine de cinq sols d'amende, les deux parts au Roy nôtredit Sire, & aux Jurez du Mestier le demourant. *Item.* Que aucun Cordier ne fasse ouvraige de piés de chanvriere, car ils ne valent riens, & sont trop courts, & se est le peuple deçû, sur peine de cinq sols, les deux parts comme dessus, & le tiers auxdits Jurez. *Item.* Que aucun dudit Mestier ne fasse faire ouvraige d'icelui Mestier, qu'il ne soit bon, souffisant & de bonne moison: C'est à sçavoir, traits à cherettes filés, & traits à charruës à douze fils; licols & chenestres à huit fils, & tous les autres ouvrages à l'equipollent & équivallent, sur peine de cinq sols à appliquer comme dessus. *Item.* Que aucun ne fasse ouvraige à eaue, où il y ait chanvre mouillié ou ressuyé, & qu'il ne soit autel dessus comme dessoubs, & dedans comme dehors, & ſur peine de perdre l'ouvrage, & l'amendé de dix ſols, les deux parts comme deſſus, & le demeurant auxdits Jurez. *Item.* Que aucun ne faſſe licol de poil où n'ayt du fil de chanvre, car il en vault mieulx, ſe n'en eſt requis, ſur peine de cinq ſols d'amende à appliquer comme deſſus. *Item.* Que aucun Forain ou autre n'apporte ou amene à Paris denrées quelconques, appartenantes audit Meſtier, ſe il ne les deſcende premierement en la Halle ou Place à ce ordonnée, ne il la puiſſe vendre ou expoſer en vente, juſques à ce que par les Jurez du Meſtier elles ayent été viſitées, ſur peine de perdre les denrées, & de cinq ſols d'amende, les deux parts comme deſſus, & le tiers aux Jurez. *Item.* Que aucun Cordier ne puiſſe ouvrer de nuyt dudit Meſtier pour la deception que l'en y pourroit commettre, & pour la vuë qui n'en est pas si certaine & souffisant comme elle est de jour, sur peine de cinq sols, les deux parts au Roy, & le tiers auxdits Jurez. *Item.* Que ceulx dudit Mestier qui seront trouvez faisant le contraire des points & articles cy-dessus delivrez, payeront les amendes & forfaittures tant de fois, comme ils ou aucuns d'eulx y encherront en chacune des choses dessus dites. *Item.* Que chacun an deux preudhommes dudit Mestier, par l'Election de tout le Commun d'icelui Mestier, seront eleus Maistres & Jurez oudit Mestier, & renouvellez chacun an pardevant le Prevost de Paris, à ce presents ou appellez les Procureurs du Roy & Receveurs, ou l'un d'eulx, lesquels preudhommes jureront de bien & loyaulment, & diligemment garder ledit Mestier, & tous les points & articles dessus ecripts, & de rapporter pardevers ledit Prevost, Procureur du Roy ou Receveur, sans faveur, hayne ou épargne, toutes les offenses, & par tant de fois comme ils les trouveront, pour en faire pugnition, & garder le droit comme il appartiendra. *Item.* Que les Maistres & Jurez dudit Mestier auront pouvoir & pourront visiter en ladite Ville & Banlieuë de Paris, ès Hostels des Cordiers, Selliers, Bourreliers, des Epiciers, Cordonniers, Ferrons, Savetiers, Lingieres, & par tout ailleurs où ils trouveront aucunes denrées appartenantes audit Mestier, pour en faire leur rapport & relation, pour y garder le droit du Roy comme de raison sera. *Item.* Que tous les Cordiers de la Ville & Banlieue de Paris, seront quittes, & ne devront riens de peage, travers, chaussées, places, coutumes, & autres redevances, qui, à cause dudit Mestier, pourront appartenir à payer au Roy, pour ce qu'ils livrent pour neant à leurs depens, toutes les cordes qu'il fault avoir, & sont necessaires au Fait de la Justice du Roy nôtre Sire toutefois que Mestier en est, tous lesquels points & articles dessus ecripts, lesdits Cordiers, & chacun d'eulx, seront tenus jurer sur l'Evangile, ès mains des Jurez, que pour le temps qui vouldront être passez Maistres & lever leur Mestier de bien & loyaulment, & entierement garder, entretenir & accomplir sans enfraindre, sans aller à l'encontre en aucune maniere, & de rapporter auxdits Jurez toutes les mesprentures que ils sçauront être commises oudit Mestier. NOUS en corrigeant l'ancien Registre, & adjoutant à icelui iceulx points & articles pour l'utilité, reformation, melioration, & amendement dudit Mestier, avons voulu & ordonné, voulons & ordonnons être tenus & gardez doresnavant oudit Mestier, & iceulx avons fait jurer, tenir & observer inviolablement par les dessus nommez, sans enfraindre sur les peines esdits articles delivrez. SE donnons en Mandement aux Maistres & Jurez dudit Mestier, qui à present sont, & qui pour le temps advenir seront, que les peines & articles dessus dits ils fassent tenir, garder, entretenir & accomplir, en faisant visitation sur touts ceulx dudit Mestier, sans faveur aucune, & de toutes les mesprentures que ils trouveront en faisant ladite visitation, nous fassent leur rapport ou au Procureur du Roy notre Sire, ou à nos Commis pour être levées de par Nous les amendes sur iceulx qui lesdites fautes & mesprentures auront été & seront trouvez. EN temoing de ce Nous avons fait mettre à ces Lettres le Scel de la Prevosté de Paris. Ce fut fait ou Chastelet de Paris, le Dimanche dixieme jour de Janvier, l'an de Grace mil trois cent quatre-vingt & quatorze. Et nous à ce présent transcript, nous avons mis le Scel de ladite Prevosté de Paris. Ce fut fait l'an & jour dessus premiers dits; ainsi signé N. EVEILLARD: & sur le reply de la marge d'en bas étoit ecript, Collation est faite; & nous en temoing de ce à ce present vidimus ou transcript, avons mis le Scel de ladite Prevosté de Paris. Ce fut fait l'an & jour premiers dessus dits; ainsi signé R. VILLERY. En nous humblement requerant qu'il Nous plaise lesdits Statuts & Ordonnances, confermer & avoir agreables, & sur ce leur impetrer nôtre Grace: pourquoi Nous ces choses considerées, iceulx Statuts & Ordonnances en la forme & maniere qu'elles sont cy-dessus transcriptes, de nôtre Grace especialle avons confermées, ratifiées & approuvées, confermons,

ratifions

ratifions & approuvons, & avons agreables, & voulons qu'elles ſoient entretenues, gardées & obſervées, & que leſdits Suppliants & leurs Succeſſeurs oudit Meſtier, en joyſſent & uſent, ainſi qu'ils ont par cy-devant joy & uſé juſtement & raiſonnablement; & en oultre pour ce qu'ils nous ont fait remontrer que pluſieurs perſonnes de leur autorité, non craignant meprendre ne enfraindre les Statuts & Ordonnances deſſus dites, s'efforcent en nôtredite Ville, Prevoſté & Vicomté de Paris, beſoigner, & vendre ouvraige dudit Meſtier, ſans ce qu'ils ayent été experimentez, trouvez, ne rapportez ſouffiſants par les Jurez dudit Meſtier, ou grand prejudice & lezion de la choſe publicque, & auſſi enervation deſdits Ordonnances & Statuts anciens. NOUS deſirant ledit Meſtier être entretenu en Police, avons ordonné & ordonnons, que doresnavant aucun ne pourra besongner ne soy entremettre dudit Mestier en nôtredite Ville de Paris, se ne premierement été visité, experimenté, trouvé & rapporté souffisant par lesdits Jurez, sur peine de vingt sols parisis d'amende, à appliquer moitié à Nous, & l'autre moitié auxdits Jurez, & à la Confrairie dudit Mestier. *Item*. Et pour ce que plusieurs s'efforcent de faire hunes, chableaux & autres cordaiges servant à rivieres moins que souffisans, & ne craignent encourir la peine en tels cas introduitte, parce qu'elle n'est que de dix sols parisis, Nous avons icelle peyne de dix sols parisis, augmentée & creue à la somme de quarante sols parisis, à appliquer moitié à Nous, & l'autre moitié auxdits Jurez, & à la Confrairie, & pour supporter les affaires dudit Mestier. *Item*. Deffendons à tous que lesdits Jurez, en faiſant leur viſitation, ne ſoient perturbez ou moleſtez; mais leur ſoit donné à la conſervation de leur droit, conſeil, confort & ayde, & priſon ſe meſtier eſt, par ceulx qui en feront requis, leſquels articles voulons être joints avec leurſditsStatuts & Ordonnances anciennes, & être tenus, gardez & obſervez oudit Meſtier par Statut & Ordonnance doreſnavant & à toujours ſans enfraindre. Se Donnons en Mandement par ceſdites Preſentes au Prevoſt de Paris, & à tous nos autres Juſticiers ou leurs Lieutenants, preſents & advenir, & à chacun d'eulx, comme à lui appartiendra; que nôtre preſente Grace, ratification, approbation & octroy, & de tout le contenu en ces Preſentes ils faſſent, ſeufrent & laiſſent leſdits Suppliants & leurs Succeſſeurs oudit Meſtier, joyr & uſer pleinement & paiſiblement, ſans ſouffrir aucune choſe leur être faicte, mise ou donnée au contraire : En temoing de ce Nous avons fait mettre nôtre Scel. Donne' à Chartres, le vingt-quatrieme jour de Juin, l'an de Grace mil quatre cent soixante-sept, & de nôtre Regne le sixiéme. Scellé du Scel de nôtre Chancellerie à Paris par nôtre Ordonnance; ainsi signé, Par le Roy, l'Evesque d'Evreux, & le Sire de Loheac, presents de Ville Chartres : Et combien que lesdits Statuts & Ordonnances soient justes, raisonnables, & bien fondés, & soit necessaire & prouffitable pour le bien & utilité de la chose publicque, néanmoins pour ce qu'elles n'ont de Nous été confermées, lesdits Supplians doubtent que nôtre Procureur, & autres nos Officiers leurs voulsissent mettre & donner empêchement en la joyssance d'iceulx; & pour ce Nous ont humblement fait supplier & requerir, qu'il Nous plaise iceulx confermer, ratifier & approuver; & sur ce leur impartir nôtre Grace: Pourquoi Nous, ces choses considerées, desirant le bien & augmentation de la chose publicque de nôtre Royaulme, iceulx Statuts & Ordonnances en la forme & maniere qu'elles sont cy-dessus transcrites, avons confermées, ratifiées & approuvées; & par la teneur de ces Présentes, confermons, ratifions & approuvons, & avons agreables, & voulons qu'elles soient entretenuës, gardées & observées doresnavant; & que lesdits Suppliants & leurs Successeurs oudit Mestier, en joyssent & usent en tant qu'ils en ont par cy-devant joy & usé justement & raisonnablement. Se donnons en Mandement par cesdites Presentes au Prevost de Paris, & à tous nos autres Justiciers, ou à leurs Lieutenants presents & advenir, & à chacun d'eulx, si comme à lui appartiendra, que de nôtre présente grace, confirmation, ratiffication, approbation & octroy, & de tout le contenu en ces Présentes, ils fassent, seuffrent, & laissent lesdits Suppliants & leurs Successeurs oudit Mestier, joyr & user pleinement & paisiblement, sans souffrir aucune chose leurs être faites, mises ou données au contraire. En temoing de ce Nous avons fait mettre notre Scel à ces Présentes. Donne' à Paris, le second jour de Aoust, l'an de Grace mil quatre cent quatre-vingt & quatre, & de nôtre Regne le premier; ainsi signé sur le reply desdites Lettres: Par le Roy, à la relation du Conseil de Ville Chartres. Collation est faicte, & scellées sur double queuë de cire jaulne; & encore sur le reply desdites Lettres étoit ecript ce qui s'ensuit: Leües & publiées en Jugement, en l'Auditoire Civil du Chastellet de Paris, ès presence des

Advocats & Procureur du Roy, & plusieurs des Conseillers d'icelui Seigneur oudit Chastellet, & autres Praticiens y assistants, & ordonnées être enregistrées le Lundy vingt-troisieme jour de Janvier, l'an mil cinq cent & dix-neuf, ainsi signé CORBIE; à la marge desquelles Lettres étoient attachées les Lettres de Confirmation d'icelles, desquelles la teneur ensuit.

LETTRES DE CONFIRMATION,

Des Jurez & Gardes du Meſtier de Cordier.

Du mois de Juillet 1519.

FRANÇOYS, par la grace de Dieu, Roy de France; ſçavoir faiſons à touts preſents & advenir, Nous avoir reçuë l'umble ſupplication des Jurez & Gardes du Meſtier de Cordier à Paris, & de la Communauté d'icelui Meſtier : Contenant que par nos Predeceſſeurs Roys de France, il leur a été par cy-devant donné & concedé pluſieurs beaulx Privillieges, franchiſes, libertés, Statuts & Ordonnances pour la conduicte & entretenement de leurdit Meſtier pour bonnes, justes & raisonnables causes contenuës ès Lettres à eulx sur ce octroyées, cy-attachées sous le contre-Scel de nôtre Chancellerie, desquels Privillieges, franchises, libertés, Statuts & Ordonnances ils, & leurs Predecesseurs dudit Mestier, ont par cy-devant toujours joy & usé, joyssent & usent encore de present paisiblement. Toutes fois obstant que d'iceulx ils n'ont puis notre advenement à la Couronne obtenu continuation & confirmation de Nous, ils doubtent que on leur vousist, ou à leurs Successeurs dudit Mestier, ci-après donner aucun empêchement en la joyssance d'iceux, s'ils n'avoient & obtenoient de Nous confirmation, en nous humblement requerant par iceulx Suppliants les entretenir ils, & leurs Successeurs, esdits Privillieges, franchises & libertés, & sur ce leur octroyer nos Lettres. Pourquoi, Nous voulans lesdits Suppliants entretenir ès Privillieges, franchises, libertés, Statuts, Constitutions & Ordonnances de leurdit Mestier, à iceulx Suppliants avons iceulx Privillieges, & tout le contenu esdites Lettres, loüé, confermé, ratifié & approuvé, loüons, confermons, ratifions & approuvons par cesdites Présentes, pour par eux & leurs Successeurs oudit Mestier, en joyr & user pleinement & paisiblement, tout ainsi & par la forme & maniere qu'ils & leurs Predecesseurs en ont par cy-devant bien & justement joy & usé, joyssent & usent encores de present paisiblement. Si donnons en Mandement par cesdites Presentes au Prevost de Paris, & à tous nos autres Justiciers & Officiers, ou à leurs Lieutenants présents & advenir, & à chacun d'eulx; & si comme à lui appartiendra que de nos presentes grace, confirmation, ratification, approbation & octroy, & de tout le contenu esdites Lettres cy-attachées, comme dit est, ils fassent, seuffrent & laissent lesdits Supplians & leurs Successeurs oudit Mestier, joyr & user pleinement, sans en ce leur souffrir leur être fait, mis ou donné aucun empêchement au contraire; lequel si fait, mis ou donné leur avoir été ou étoit, le fassent mettre incontinent & sans delay au premier état & deu : CAR tel est nôtre plaisir. Et afin que ce soit chose ferme & estable à toujours, Nous avons fait mettre notre Scel à cesdites Présentes, sauf en autres choses nôtre droit & l'aultruy en tout. DONNE' à Paris ou mois de Juillet, l'an de Grace mil cinq cent & dix-neuf, & de nôtre Regne le cinquieme; ainsi signé sur le reply desdites Lettres, Par le Roy, à la relation du Conseil, BINOT. *Visa Contentor*, DURAND. Et scellées en Lacs de ſoye & cire verte. Et encore ſur ledit reply étoit ecript ce qui s'enſuit: Leues & publiées en Jugement, en l'Auditoire Civil du Chaſtellet de Paris, ès preſences des Advocats & Procureur du Roy, & pluſieurs de Conſeillers d'icelui Seigneur, & autres Praticiens aſſiſtants oudit Chaſtellet, & ordonnées être enregiſtrées le Lundy vingt-troiſieme jour de Janvier, l'an mil cinq cent & dix-neuf; ainſi ſigné CORBIE.

EXTRAIT *du Regiſtre (intitulé ſur le premier & deuxiéme feuillet d'icelui) Second Regiſtre des Bannieres du Châtelet de Paris, commençant le vingt-un Mars mil cinq cent quatorze, & finiſſant le vingtiéme Ianvier mil cinq trente-un, aux folio quatre-vingt-quatorze verſo, quatre-vingt-quinze, quatre-vingt-ſeize, quatre-vingt-dix-ſept, quatre-vingt-dix-huit, quatre-vingt-dix-neuf, cent,*

cent un & cent deux Recto dudit second Registre des Bannieres, lequel étoit, & est resté en la possession de M^r. Garnier Avocat, & collationné par nous Greffier de la Chambre du Conseil, des Dépôts Civils, & des Sentences sur Procès par Ecrit du Châtelet, commis par Ordonnance de M. le Lieutenant-Civil du vingt-trois Janvier dernier, étant au bas de la Requête à lui présentée par les Jurés de la Communauté des Maîtres Cordiers de cette Ville de Paris, laquelle est restée en nos mains, le deux Mars mil sept cent quarante-deux. THIERIOT.

www.ingramcontent.com/pod-product-compliance
Ingram Content Group UK Ltd.
Pitfield, Milton Keynes, MK11 3LW, UK
UKHW020945180726
13838UKWH00003B/1128

9 782329 254517